MACPHERSON

MAGAZINE chefs

RECETA TARTA DE TATIN DE PLÁTANO

Mer Bonilla

UN LIBRO MACPHERSON MAGAZINE

https://macphersonmagazineeditorial.com

Título original: Macpherson Magazine Chef's - Receta Tarta Tatin de plátano

Receta de: Mer Bonilla

MACPHERSON MAGAZINE

DISEÑO Macpherson Magazine   DIRECTOR ARTÍSTICO Macpherson Magazine
JEFE EDITORIAL Macpherson Magazine DIRECTOR EDITORIAL Javier Rodríguez Macpherson

CONTROL DE PRODUCCIÓN
Macpherson Magazine

MACPHERSON MAGAZINE

EDITOR ARTÍSTICO Macpherson Magazine
EDITOR EJECUTIVO Macpherson Magazine

Publicado originalmente en España en 2019 y revisado en 2019.
Esta edición: publicada en 2019 por
Macpherson Magazine, Barcelona

www.macphersonmagazineeditorial.com

Tarta Tatin de plátano, receta de postre fácil y barato

La más típica es la de manzana, pero esta tarta Tatin de plátano está aún si cabe más rica, pues la relación de esta fruta con el caramelo es pura golosina.

Preparación: 15 min	Cocción: 20-25 min
Total: 35 min	Comensales: 6-8
Calorías: 594	Tipo de comida: Postre
Tipo de cocina: Francesa	

A diferencia de cualquier otra tarta o bizcocho, esta tarta Tatin de plátano - o cualquier tarta Tatin de otra fruta- resulta mucho más sencilla de hacer en una cazuela baja o una sartén de mango desmontable que podamos usarla en el fuego y después meterla en el horno.

Ingredientes

Para una tarta de 24 - 26 cm de diámetro

- Plátanos, 8 - 10 (*)
- Azúcar blanco, 180 g + 1 cucharada
- Mantequilla, 75 g
- Agua, 4 cucharadas
- Masa brisa u hojaldre, 1 lámina redonda

(*) Es importante que los plátanos no estén demasiado maduros, sino que deben tener la carne firme para que no se deshagan durante la cocción.

01: Preparar la salsa de caramelo

Ponemos el azúcar junto con el agua en un recipiente que podamos usar en el fuego y en el horno, puede ser una sartén de mango desmontable, una cacerola baja apta para horno. Si no tenéis podéis usar una sartén normal para caramelizar los plátanos y luego hornear la tarta en un molde que sí pueda ir al horno.

Ponemos la sartén a fuego medio-bajo y removemos durante unos minutos hasta que se disuelva el azúcar y empiece a tomar un color rubio.

Cuando empiece a formarse el caramelo, retiramos la sartén del fuego y añadimos la mantequilla en cubitos. Removemos con una espátula y, sin parar de remover lo ponemos de nuevo al fuego hasta que se disuelva la mantequilla. Reservamos caliente.

02: Añadir los plátanos

Pelamos los plátanos, los cortamos en rodajas de unos dos centímetros que iremos acomodando sobre la salsa de caramelo intentando no dejar huecos.

Volvemos a poner la sartén al fuego y dejamos que se cocinen los plátanos durante unos diez minutos. Retiramos del fuego.

03:Colocar la lámina de masa

Dejamos que se enfríen un poco los plátanos, mientras vamos precalentando el horno a 200ºC.

Cuando el horno esté a la temperatura adecuada, colocamos sobre los plátanos la lámina de masa brisa o de hojaldre, acomodando los bordes y recortando los sobrantes si es necesario.

Con ayuda de un tenedor o de un palillo de brocheta, pinchamos la masa por varios sitios para que no suba al hornear, y espolvoreamos con una cucharada de azúcar.

04: Hornear la tarta Tatin de plátano

Horneamos a 200ºC durante unos 20-22 minutos hasta que la masa que hayamos utilizado esté bien dorada.

Sacamos del horno y dejamos enfriar unos 10-15 minutos. Pasado este tiempo pasamos un cuchillo por el borde para separla de la sartén y le damos la vuelta sobre un plato como si fuera una tortilla.

05: Servir la tarta Tatin

La tarta Tatin puede servirse templada o fría, sola o acompañada de crema inglesa o helado. Lo de servirla con helado es muy habitual cuando se sirve caliente.

Notas

La mayor dificultad a la hora de elaborar una tarta Tatin puede ser la preparación del caramelo, que si nos pasamos se puede quemar y entonces no está rico. Si no habéis hecho caramelo nunca, mi recomendación con esta receta es que añadáis la mantequilla justo cuando veáis que el azúcar empieza a tomar color dorado y así no tendréis ningún problema. Si lo hacéis así, la tarta no quedará con ese color marrón caramelo tan característico, sino que quedará algo más clarita.

La Editorial Macpherson Magazine trae un nuevo libro, pero esta vez un libro de recetas o guía. Para poder hacer Tarta Tatin de plátano, se mostrara paso a paso y con fotografías. Macpherson Magazine a partir de ahora, lanzará un libro de recetas de cada comida.

Lightning Source UK Ltd
Milton Keynes UK
UKRC020917081019
351188UK00009B/153